I0766239

VIVIR SIN MIEDOS

CÓMO SUPERAR TRAUMAS Y SITUACIONES QUE PROVOCAN TEMORES

Dra. Romin
Vivir sin miedos. - 1a ed. - Ciudad Autónoma de Buenos Aires : Dos Tintas , 2013.

1. Salud.

CDD 613

© Dos Tintas SA
Balcarce 711 - Ciudad Autónoma de Buenos Aires, Argentina
info@doseditores.com

Hecho el depósito que marca la Ley 11.723
Queda prohibida la reproducción total o parcial de esta obra por cualquier medio o procedimiento, sin el permiso por escrito de la editorial.

Ciudad Autónoma de Buenos Aires, Argentina. Julio de 2013

ÍNDICE

INTRODUCCIÓN

INTRODUCCIÓN

Todos los individuos padecemos miedo. Es un comportamiento normal. Es una respuesta natural de los seres humanos ante los diferentes estímulos. Como veremos, el miedo ha sido responsable de la evolución de nuestra raza. Sin embargo, hoy estamos en condiciones de reconocer cuándo ese miedo se convierte en algo que nos detiene o nos impide llevar adelante una vida normal o desenvolvernos con naturalidad en nuestras relaciones sociales y actividades diarias.

El miedo es una alteración que se pone de manifiesto en las personas cuando se sienten frente a una situación desagradable, a un momento difícil o desconocido, a un suceso imprevisto, a un objeto despreciado, etcétera.

El miedo actúa como un controlador equilibrante de nuestras conductas. En su punto justo el miedo es lo que nos lleva, por ejemplo, a cuidarnos cuando cruzamos una avenida, a respetar a los superiores o a no meternos en el mar si no sabemos nadar. Podríamos decir que hay un miedo relacionado con la prudencia.

Los problemas con los miedos comienzan cuando seguimos teniéndole miedo a los autos que circulan por esa avenida, cuando nos aterroriza la presencia de un jefe o cuando no podemos ni siquiera quedarnos solos en una playa porque le tenemos temor a la cercanía del mar. Es decir, cuando el miedo se extiende en el tiempo y nos persigue, es cuando esa herramienta de supervivencia comienza a jugar en nuestra contra afectando nuestra salud, nuestro bienestar y nuestro estilo de vida. Muchas veces, esos miedos pueden convertirse en afecciones más graves y pasar a convertirse en una fobia o enorme aversión hacia el objeto o la situación que nos provoca rechazo.

¿Qué clase de miedo podemos sentir? De todo tipo: al fracaso, al rechazo, a los cambios, al futuro, a tomar riesgos, a decidirnos, a objetos, a animales, a los problemas laborales, etcétera.

Este libro tiene la misión de introducirnos al conocimiento del miedo y sus características. A entender por qué nos afecta, cómo se manifiesta en nuestro físico y nuestro comportamiento y qué tipo de alteraciones puede producir; de qué manera identificarlo y superarlo. Además, presentamos dos interesantes capítulos; uno sobre el miedo en la infancia; y otro sobre las fobias, una alteración que se presenta cuando los miedos y temores tienen una profunda raíz en nuestra psiquis.

EL MIEDO, ¿QUÉ ES?

EL MIEDO, ¿QUÉ ES?

El miedo es un sentimiento que padecemos todos los seres humanos desde el nacimiento. El mismo puede ir modificándose puede a través de la educación, el entorno, la cultura, las costumbres, etcétera.

Pero ¿qué es lo que nos asusta? Son varios los aspectos que podemos mencionar aquí a modo de ejemplo:

-lo desconocido.
-lo que amamos.
-lo que antes no teníamos y ahora que lo poseemos tememos perder (puede ser un amor, un auto, un reloj, etcétera).
-la autoridad.
-los animales.
-aquello que altera las condiciones físicas: las alturas, el encierro, etcétera.

Es decir podemos sentir miedo ante:

-un acontecimiento inesperado del cual no imaginamos su desenlace.

-la posibilidad de perder algo que nos costó mucho conseguir.
-la idea de perder a una pareja.
-la autoridad de un docente.
-la presencia de un superior en la escala jerárquica.
-un animal doméstico o salvaje.
-la necesidad de transitar, usar o ingresar en un lugar al que no estamos acostumbrados: cruzar un puente, subir a un ascensor hermético, tomar un avión, etcétera.

Muchas veces el miedo se confunde con las fobias. Si bien tienen algún punto de contacto –esto lo veremos más adelante– para diferenciarlos podríamos decir que un miedo se tiene ante algo concreto y casi siempre identificable o entendible.

Por su parte, las fobias, relacionadas exclusivamente con lo psíquico, muchas veces tienen su origen en acontecimientos o situaciones que ni siquiera aquel que las padece puede explicar.

El miedo es un concepto presente en todas las lenguas universales. Cada idioma tiene su término para definirlo. En castellano, el miedo puede asociarse a otras palabras: alarma, pánico, susto, peligro, espanto, temor, horror, recelo, rechazo o pavor, entre otros.

UN POCO DE HISTORIA: LA EVOLUCIÓN Y EL MIEDO

El ser humano ha estado expuesto a diferentes tipos de peligros, ataques o progresos que alteraron su vida y le presentaron una situación de cambio a lo largo de su evolución como especie. Esas situaciones pudieron ser según la época: el desconocimiento de todo lo que lo rodeaba en sus primeros pasos; la disputa del lugar y de la comida frente a otras especies animales; la adaptación al terreno y a las distintas condiciones ambientales; las guerras y batallas ante otros grupos de hombres; las armas; la necesidad de trabajar; las pestes; las enfermedades; los conquistadores; la irrupción de las máquinas en su trabajo; los medios de comunicación; el dominio de la tecnología en la era digital; la inseguridad y las presiones laborales de las nuevas formas de vida.

Ante todos estos episodios, el hombre ha asimilado los cambios y, bien en algunas ocasiones y mal en otras, se ha enfrentado para adaptarse. Sin dudas, ante cada una de esas situaciones, el hombre ha experimentado miedo, una reacción normal de autodefensa del organismo que muchas veces se pone fuera de control y altera las funciones biológicas.

El miedo que sintió el hombre nos ayudó a enfrentarnos a un medio hostil que requería una respuesta rápida y eficaz, una respuesta que entonces se volvió automática para ser más eficaz.

Esta respuesta inconsciente, desarrollada para facilitar la supervivencia en el pasado, puede ser hoy un problema, pues ante las presiones internas sigue aflorando esa respuesta instintiva, inicial, la del hombre frente a la bestia, que hoy puede catalogarse de desmesurada.

En la actualidad, ese miedo se encuentra plenamente relacionado con la acumulación de tensiones físicas, mentales y emocionales que almacenamos en nuestro interior a lo largo de una jornada que aglutina problemas laborales, familiares, de pareja, económicos, etcétera. Si esto se hace más grave y no podemos superarlo, el miedo puede desembocar en cuadros de estrés o en algún tipo de fobia.

La respuesta correcta en nuestro medio original frente a una situación de miedo o temor era: pelear o huir, y en ambos casos las sustancias que se vertían a la sangre para prepararnos ante un esfuerzo intenso y explosivo eran consumidas.

El problema del miedo en la actualidad es que muchas veces debemos soportarlo y aguantar situaciones de confusión y tensión ante problemas en el trabajo, en la calle o con nuestra familia; pero solo podemos sobrellevarlo y reprimir esa agresión primitiva.

Lo más grave de esta situación es que nuestro cuerpo lo paga: acumulamos la tensión en forma de contracturas, problemas digestivos, posturales, arritmias cardíacas y otras complicaciones que detallaremos más adelante.

La mayoría de las veces no podemos evitar esa reacción genética que nos produce miedo y nos condiciona como especie humana, pero sí podemos cambiar ese comportamiento para evitar que el temor se multiplique o se instale en nuestra vida trayendo otras complicaciones.

AGENTES QUE PRODUCEN MIEDO

El miedo actúa como un filtro defensivo en nuestro organismo; y son múltiples los factores externos e internos capaces de producir un impacto en nuestro sistema defensivo. Entre las causas y motivos más comunes podríamos mencionar:

Agentes biológicos:

Enfermedades, acontecimientos ligados a procesos de daño sobre el cuerpo o enfermedad. Esto se acentúa con los años. Un deterioro corporal crea las condiciones para padecer otras enfermedades como colesterol o diabetes. Si bien esto parece no tener mucha relación con los miedos, cualquier tipo de enfermedad o padecimiento consume energías del organismo y predispone al cuerpo a tener menos recursos para superar los temores.

Agentes climáticos:

Las inclemencias de los cambios climáticos, exceso de frío o exceso de calor; las incomodidades prolongadas en este aspecto son agentes generadores de predisposición a los miedos. Además de las presiones diarias, el agente climático es uno de los que más se ha desarrollado en los últimos años y, posiblemente, uno de los que más esté influyendo en la actualidad. El innegable cambio del clima que afecta a todas las regiones (períodos de sequía, abundancia de lluvias, inundaciones, desborde de ríos y lagos, caída de granizo, aumento de la temperatura promedio, modificación de las estaciones, etcétera) junto a los mismísimos cambios que genera el propio hombre (calor en los ómnibus, trenes y demás medios de transporte, frío en las oficinas, exceso en los aires acondicionados y calefactores) predisponen a la acumulación de tensiones que pueden conducirnos a padecer miedos.

Agentes químicos:

Uso y abuso de sustancias que alteran el normal funcionamiento del organismo, como alcohol, tabaco o drogas pueden afectar nuestra capacidad de adaptación al medio favoreciendo la aparición de reacciones desmedidas, que sumadas a otras son capaces de alterar el buen funcionamiento del organismo.

Agentes sociales:

Exceso de trabajo, conflictos o demandas familiares excesivas, situaciones conflictivas de pareja, divorcios, mudanzas, etc. Los seres humanos desde nuestro nacimiento, y a partir de la interacción con los demás, armamos una estructura de personalidad que si bien nos permite erigirnos en personas, a la vez nos atrapa en maniobras de conducta que deberíamos "desaprender" para dejar de tensionarnos continuamente. Esta estructura de personalidad nos es muy útil porque nos permite reaccionar de un modo fácil frente a situaciones cotidianas, pero, como dijimos, cristaliza formas de respuesta que aplica a gran velocidad, aunque no siempre sean las adecuadas. No hemos tenido un entrenamiento para desarrollar nuestra personalidad como un mecanismo capaz de resolver problemas con eficacia, y de adoptar la solución más adecuada ante la perspectiva que se nos presenta.

Además, cada cultura tiene un patrón de respuestas en relación con temas como la muerte, la enfermedad, la realización personal o los vínculos, y es desde este lugar que cada persona adaptará las respuestas posibles ante una situación de miedo.

PROS Y CONTRAS DEL MIEDO

Como todas las cosas que nos ocurren en la vida, debemos aprender a manejarlas y descubrir sus lados positivos y negativos. Aquello que contábamos antes de que el miedo fue una herramienta necesaria para que el hombre logre subsistir, es un aspecto puramente positivo. Gracias a ello el hombre ha podido reaccionar de manera equilibrada para la lucha o la huída que le permitía defenderse sin desequilibrar el funcionamiento orgánico.

En este estado el cuerpo es capaz de enfrentarse a las situaciones repentinas e incluso obtiene sensaciones placenteras. Este buen funcionamiento de nuestro sistema de alerta nos permite experimentar el mundo como un lugar para explorar y disfrutar.

Por otro lado, el aspecto negativo de sentir miedo –que es lo que queremos solucionar o minimizar– es aquel que produce un esfuerzo excesivo o superior al que nuestro organismo se encuentra acostumbrado. Es decir, genera reacciones que aumentan los funcionamientos normales produciendo aceleración en el ritmo cardíaco, tensión muscular, hiperactividad y otras. Podemos decir que el organismo, por lo general, puede sobreponerse a los miedos y a su aspecto positivo; pero pierde el equilibrio de alguna forma cuando padece una situación de temor que se extiende en el tiempo.

¿CUÁNDO NOS ACECHA EL MIEDO?

¿CUÁNDO NOS ACECHA EL MIEDO?

El miedo se manifiesta de diversas maneras. Muchas veces somos víctimas de un temor que nos paraliza y nos impide disfrutar de las situaciones cotidianas o de llevar a cabo nuestras actividades.

También, es posible que tengamos alteraciones físicas y/o psicológicas producidas por un miedo o temor y que no nos demos cuenta.

Algunas de esas manifestaciones que están dando muestra de un miedo pueden ser:

-Inapetencia.

-Dolores abdominales o intestinales repentinos y profundos.

-Cosquilleos en diversas zonas del cuerpo.

-Fatiga.

-Sequedad bucal.

-Puntadas.

-Impresión de falta de aire.

-Alteraciones respiratorias.

-Mareos.

-Vértigo.

-Sensación de que podría volverse loco.

-Temor a la muerte.

-Necesidad frecuente de orinar.

-Calambres.

Cualquiera de estas reacciones físicas que surjan sin explicación cuando nos enfrentamos a algunas de las causas descritas anteriormente pueden estar indicando una respuesta ante un miedo.

Posiblemente las primeras respuestas ante el sentimiento de un miedo sean las palpitaciones, la alteración del ritmo cardíaco y la dilatación de las pupilas. Estas son señales de que nuestro cuerpo está enviando más sangre al cerebro para responder ante los estímulos externos. Allí es cuando se producen tres hormonas: adrenalina, noradrenalina y corticoides. ¿Qué indican estos comportamientos? Que el organismo se modifica para enfrentar ese miedo. Sin embargo, si ese estado, ese sentimiento de temor no logra superarse, el individuo verá afectada su capacidad.

Una persona que no logra superar el miedo no podrá desarrollar todo su potencial. Las funciones físicas y psicológicas no responderán plenamente o se paralizarán si no logra salirse de ese estado de miedo.

DIFERENTES TIPOS DE MIEDOS

DIFERENTES TIPOS DE MIEDOS

Como ya hemos ido detallando hasta aquí, los miedos y temores que pueden afectarnos son de diversos órdenes, desde simples sensaciones de miedo hasta alteraciones más graves y preocupantes. Pero lo más importante para ello es conocer a qué le tenemos miedo, qué es lo que nos provoca esa sensación y a partir de allí, intentar corregir esa situación. Tomar conciencia de esto nos permitirá conocernos mejor a nosotros mismos y vivir mejor.

Si bien cada individuo es diferente y a cada uno de nosotros nos afectan diferentes situaciones o factores, existe un grupo de miedos, podríamos decir básicos o comunes, que pueden estar presentes en la vida de muchas personas.

A continuación vamos a describir esos miedos y de qué manera se ponen de manifiesto para poder entenderlos y enfocar su superación:

• **Miedo primigenio:**

Es el miedo más difícil de controlar y conocer ya que surge desde lo desconocido.

No tiene un origen claro.

Se podría decir que es el miedo a tener miedo.

• **Miedo al abandono:**

Se presenta en aquellas personas que temen a estar solos.

Los asusta la soledad que pueden sufrir si son abandonados por padres, hermanos, amigos o amantes.

Al ponerse en juego los sentimientos, es un miedo difícil de erradicar.

Lo padecen ambos sexos, pero es más femenino.

• **Miedo al fracaso:**

Es el miedo a no lograr alcanzar las metas propuestas.

Lo sienten ambos sexos, pero es más masculino que femenino.

Es un miedo relacionado con el fracaso social, a ser considerado un mediocre por no disponer de éxito o dinero.

Quienes lo padecen condicionan su forma de relacionarse.

• **Miedo al futuro:**

Está vinculado con el miedo al fracaso.

Es el miedo a lo incierto, a lo inesperado y a lo impredecible.

Las personas que lo sufren temen no poder controlar los sucesos que vienen.

También se siente miedo por el futuro de las relaciones, especialmente las amorosas.

• **Miedo a la enfermedad:**

Es el miedo a sufrir cualquier tipo de dolencia, malestar o afección.

Padecer esto vuelve a las personas débiles, frágiles y propensas a contraer enfermedades.

Es necesario superar este miedo para aceptar la desaparición de seres queridos o allegados por enfermedades terminales.

Quienes padecen este miedo sienten que pueden contraer cualquier tipo de enfermedad y cada una de ellas la ven como una amenaza.

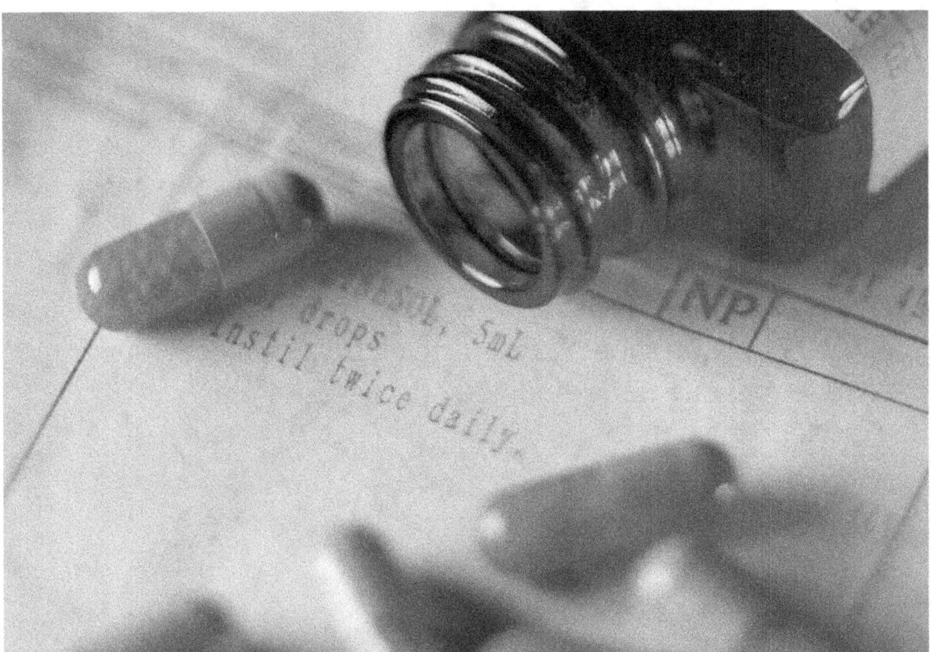

• **Miedo al rechazo:**

Es el miedo a no ser aceptado por el grupo al que pertenecemos.
Aquí entra el miedo a hablar en público.
También podemos incluir el concepto de "vergüenza ajena", que es el miedo a que alguien sienta eso por nosotros.

• **Miedo a "no llegar a fin de mes":**

Es un temor presente en la mayoría de los asalariados.
A medida que uno avanza en la vida, debe mantener una casa, una familia, un hogar y trabajar en relación de dependencia se hace que se presente este temor.

• **Miedo a la pérdida de poder:**

Es un miedo poco conocido.
Se presenta en personas que alcanzan un cierto nivel en la escala jerárquica y tienen facultad de decisión sobre otras personas.
Hay varias escalas en este miedo:
-el poder del que manda
-el poder de influir en la tarea de un tercero
-el poder del que sabe o es experto en un área
-el poder del que tiene algo que otro necesita
-el poder de la opinión

- **Miedo al lado oscuro:**

Es el miedo que se siente a que las cosas consideradas malas o prohibidas nos provoquen placer.

En este miedo se busca una vía de escape a problemas internos más graves.

También, es el miedo a nuestra propia rabia.

- **Miedo al cambio:**

Nos afecta cada vez que existe la posibilidad de un cambio laboral, familiar, de vivienda, de auto, etcétera.

- **Miedo a independizarse laboralmente:**

Dejar una empresa para montar un emprendimiento propio suele ser un paso dramático que provoca miedo en todas las personas. Ese miedo debe ser superado rápidamente y canalizado pronto para poder emplearlo en nuestro favor y tener éxito.

- **Miedos laborales o profesionales:**

Aquí se encuentran varios de los ya descritos como el miedo al rechazo, al fracaso, a la pérdida de poder, al cambio o a no llegar a pagar las cuentas a fin de mes.

- **Miedo al amor:**

Es el temor que manifiestan algunos individuos ante la presencia de una persona con todas las cualidades que esperaban de una pareja. En el momento de consolidar esa relación amorosa, estas personas se asustan y huyen.

- **Miedo al ridículo:**

Este miedo aparece en aquellas personas que deben desenvolverse en público, especialmente en aquellos que deben hablar ante un auditorio, o dar una charla, o hacer una presentación, etcétera.

• **Miedo a los lugares cerrados:**

Sin llegar a la gravedad de la claustrofobia.

• **Miedo a volar:**

Se cree que al menos el 25% de los pasajeros sufren algún tipo de miedo o trastorno cuando suben a un avión.

Por miedo a volar se entiende cuando la persona manifiesta alguna reacción durante el viaje o durante todo el desarrollo del mismo.

En estos casos los miedos tienen que ver con el encierro, con el temor a que se caiga el avión, con la falta de espacio, con el momento del despegue o el aterrizaje, etcétera.

¿QUÉ PODEMOS HACER PARA SUPERAR Y ELIMINAR EL MIEDO?

¿QUÉ PODEMOS HACER PARA SUPERAR Y ELIMINAR EL MIEDO?

Hasta aquí hemos visto qué es el miedo, cómo puede manifestarse o presentarse y describimos algunas de las situaciones más comunes en las cuales ese sentimiento puede paralizarnos. La idea ahora es ver cómo debemos actuar para superarlo y dejarlo atrás lo más pronto posible.

Tenemos que discriminar aquí entre dos clases de miedo: el temor que nos provoca una situación en particular que no se repite con frecuencia (pasar cerca de un cementerio, caminar solos de noche) y el miedo cotidiano que nos asalta de modo rutinario (perder a un ser amado, pensar todos los días que nos pueden despedir del trabajo). El primero de ellos es algo normal; el segundo, es el que debemos tratar de superar.

Son muchas las actitudes que podemos tomar para que un miedo o temor no nos paralice ni nos impida continuar adelante con nuestra vida. Aquí presentamos una guía de comportamientos para superar y eliminar el miedo:

• Aceptar el miedo que nos invade y nos preocupa. Todas las personas sienten miedo y negarlo sería el primer error.

• Siempre debemos pensar que no es normal no tener miedo. No se es más valiente ni más capaz ni mejor persona por no atemorizarse. Al contrario, los mejores resultados los obtienen quienes sienten miedo y logran sobreponerse.

• Reconocer el miedo y estar conscientes de qué es lo que nos asusta.

• Una vez que conozcamos nuestra debilidad, podremos mejorar nuestro comportamiento sabiendo qué es lo que debemos corregir.

• Tener real dimensión de las consecuencias de nuestro miedo. Por ejemplo, si sentimos temor de perder a la persona que amamos, no quiere decir que la menor discusión pondrá fin a la relación. Esto quiere decir que el individuo que siente miedo, por lo general, imagina consecuencias más graves de las que realmente lo afectan.

• Identificado el miedo, deben evaluarse todas las posibilidades. Por ejemplo, una persona que vive con miedo a perder su empleo, es posible que necesite replantearse su actividad laboral o profesional. Quizás esa persona necesite un cambio de rubro, o de empresa y el miedo solo pone de manifiesto una situación tensa o incómoda.

• Practicar técnicas alternativas de ejercicios como yoga. Ejercitar la respiración, realizarse masajes descontracturantes y practicar relajación son buenas opciones para vivir mas relajados y menos predispuestos a los miedos y temores.

• Para quienes tienen miedo a volar es aconsejable realizar movimientos giratorios con la cabeza, moverse suavemente hacia adelante para descontracturar el abdomen y efectuar estiramientos de brazos y piernas para evitar calambres.

FLORES DE BACH PARA COMBATIR EL MIEDO

FLORES DE BACH PARA COMBATIR EL MIEDO

La terapia floral basada en las 38 flores de Bach es un sistema medicinal ampliamente difundido en el mundo que crece día a día a partir de la búsqueda de una enorme parte de la sociedad de incorporar nuevas formas de medicinas no invasivas.

Las flores de Bach no tienen una acción directa sobre las enfermedades y trastornos sino que atacan las causas que las originan. Dentro de esas causas se consideran la depresión, la incertidumbre, la ansiedad y los miedos y temores de los individuos.

Desde que empezó a experimentar su método de curar a través de las flores, el doctor inglés Edward Bach tuvo como finalidad encontrar la armonía y la tranquilidad interior. Para ello, eliminar o contrarrestar el miedo fue esencial.

LAS 38 FLORES DE BACH

A lo largo de su vida, Bach analizó y aplicó una serie de 38 flores y sus esencias, que eran principalmente originarias de Gales, el lugar al cual su intuición lo había llevado para buscar las flores. Aunque luego, otros médicos han estudiado y sintetizado otras, estas 38 flores son suficientes y necesarias para cubrir todas las tipologías de las que hablaba el Doctor Bach.

A continuación va un breve resumen de las esencias de Bach, y las emociones básicas sobre las que tienen efectos y a qué tipo de personas están destinadas. (Para evitar confusiones usamos el nombre en inglés, como se las llamó originalmente, y entre paréntesis en español):

AGRIMONY (AGRIMONIA)

Oculta emociones tortuosas, problemas graves y angustia inconsciente tras una sonrisa. Usa una máscara de alegría pero por dentro sufre. Muestra un bienestar que no es real. Este eterno esconder les genera en casos de desarmonización la caída en adicciones.

ASPEN (ÁLAMO TEMBLÓN)

Es para el miedo a lo sobrenatural, a situaciones imprecisas, a las fantasías terroríficas. Miedo a presentimientos que remiten a lo desconocido. Miedo al castigo divino, a lo sobrenatural, lo oscuro.

BEECH (HAYA)

Tiende a ser intolerante y a criticar despiadadamente. Puede ser impertinente e hiriente. Es arrogante y crítico de todo. Soberbios y pedantes, son muy exigentes con todos, inclusive con ellos mismos. Cuando ven diferencias no tratan de convencer, sino que sienten miedo y se alejan.

CENTAURY (CENTÁUREA)

Tiene miedo a decir no. Reacciona exageradamente a los deseos de los demás. Puede casi esclavizarse a los deseos de los demás, porque no puede negarse a lo que los otros desean que haga.

CERATO (CERATOSTIGMA)

Busca la aprobación y el consejo de los demás, pues no confía en su juicio. Depende de lo que los otros opinen sobre sí y le digan lo que tiene que hacer. La persona no conoce la certeza y por esta debilidad le cuesta accionar. Tiene miedo de su propio pensamiento.

CHERRY PLUM (CERASÍFERA)

Miedo a perder el control de sus actos, a cometer acciones terribles. No teme al exterior sino a su propio interior. Miedo a volverse loco, a hacer algo terrible. Por temor al desenfreno, reprime su deseo sexual.

CHESNUT BUD (BROTE DE CASTAÑO)

Repite sus errores, porque no reflexiona sobre ellos. No aprende de la experiencia. Tropieza una y otra vez con los mismos escollos. Tiene miedo a cambiar su rumbo.

CHICORY (ACHICORIA)

Sobreprotege a sus seres queridos por miedo a perderlos y los domina mediante una manipulación excesiva. Demanda de atención. Su personalidad es posesiva.

CLEMATIS (CLEMÁTIDE)

Soñador que evade la realidad. Demuestran temor al presente. Su pensamiento difícilmente está en el aquí y el ahora. Difícil concentración, suele estar distraído. Son creativos, pero desarmonizados, no consiguen vivir el presente.

CRAB APPLE (MANZANO SILVESTRE)

Flor de la limpieza para quién tiene la sensación de estar sucio a nivel mental o físico. Se avergüenzan y temen de sí mismos. Es un limpiador de toxinas físicas y psíquicas y un antibiótico natural.

ELM (OLMO)

Abrumado por sus responsabilidades. Piensa que no es capaz de cumplirlas. Se siente sobrecargado y teme no cumplir con todo. Es para personas que transitoriamente se sienten abrumadas con la carga de sus responsabilidades.

GENTIAN (GENCIANA DE CAMPO)

Pesimismo. Depresión por causas conocidas. Escepticismo. Ve el lado oscuro de las cosas, nada es bueno en esencia, todo saldrá mal. Una personalidad que se da por vencida fácilmente.

GORSE (AULAGA)

Desesperado. Sin ninguna esperanza. Siente que ya nada tiene sentido. No hay horizontes ni perspectivas, la desesperación borra la posibilidad de futuro. La persona baja los brazos y se da por vencida.

HEATHER (BREZO)

Ensimismado. Centrado en sí mismo. Locuacidad e incapacidad de escuchar a los otros. Aislamiento por egoísmo que le impide comunicarse. Miedo a relacionarse con los demás.

HOLLY (ACEBO)

Celos, desconfianza, envidia, odio y rencor. Carece de compasión. Siente temor a los otros y cree que los demás son el enemigo y los culpables de sus desequilibrios internos y de sus problemas.

HONEYSUCKLE (MADRESELVA)

No vive el presente. Es nostálgico. Añora el pasado y los buenos tiempos. Lo mejor ya fue y ahora no puede disfrutar del presente. Miedo al futuro.

HORNBEAM (HOJARANZO O CARPE)

Agotamiento mental por hastío. Teme por sus fuerzas y sus capacidades, padece cansancio, desánimo y desinterés. Falta de vitalidad, aburrimiento, letargo. Su cansancio no deriva de un esfuerzo realizado, sino más bien de una falta de estímulo.

IMPATIENS (IMPACIENCIA)

Es impaciente, ansioso, voraz. Padece la soledad de quien no puede estar acompañado porque marcha de prisa y no tolera retrasos en su marcha. Le cuesta quedarse quieto y no conoce el placer de la serenidad. En el fondo, siente miedo a la soledad.

LARCH (ALERCE)

Sentimiento de inferioridad. Como se siente menos capacitado, fracasa porque precisamente espera fracasar. No tiene autoestima. No se anima a pasar a la acción y a medida que pasa el tiempo su personalidad va debilitándose.

MIMULUS (MÍMULO)

Tiene miedo a lo conocido. A situaciones concretas, definibles, de la vida cotidiana. Puede padecer, por ejemplo, de miedo a los viajes en avión. Muchas veces es extremadamente tímido y precavido. Como evita situaciones que lo asustan, su personalidad va empobreciéndose.

MUSTARD (MOSTAZA)

Padece de depresión, miedos y tristezas por causas desconocidas, que aparecen y desaparecen sin motivo. La persona Mustard se siente invadida por una tristeza que los cubre como una niebla oscura. La flor se recomienda para los estados de depresión endógena y para la tensión premenstrual.

OAK (ROBLE)

Lucha desesperadamente contra la corriente y sin descanso por imponerse. No prioriza las cosas importantes, aquello por lo que vale la pena poner todos los esfuerzos y aquello por lo que no. Pero poseen un gran sentido del deber y una gran autoexigencia. No soportan estar inactivos y son adictos al trabajo.

OLIVE (OLIVA)

Sufre de agotamiento completo y total, físico y mental. Es la flor para la falta de fuerzas ocasionadas por un gran desgaste físico, intelectual o emocional. Padecen una enorme pérdida de energía, por lo que todo accionar les reporta un gran esfuerzo.

PINE (PINO)

Se siente desesperado por sentimientos de culpa y autoreproche. La flor de pino se recomienda para aquellos que cometieron un daño real o imaginario, pero que sienten que deben y no pueden purgar su culpa. Es para los que sienten un error como catastrófico y no pueden perdonárselo.

RED CHESTNUT (CASTAÑO ROJO)

Padece de un miedo excesivo e irracional a que les suceda algún daño a los seres queridos. Gran preocupación por ellos. Esta flor ayuda a los que sienten excesiva preocupación por lo que pudiera sucederle a sus seres queridos y esto les hace olvidarse de sí mismos.

ROCK ROSE (HELIANTEMO O JARILLA)

Un sentimiento de terror lo paraliza. Es miedo extremo. Puede ser utilizado en situaciones límite como el asalto, el robo o la violación. Combate el miedo de la situación en sí y de las secuelas que deja.

ROCK WATER (AGUA DE ROCA)

Busca la perfección y es en extremo autoexigente y severo consigo mismo. Es el único remedio del sistema que no está preparado con una flor sino con agua de manantial. Para personas moralistas, extremadamente reprimidas, que se imponen a sí mismas una autodisciplina feroz y tienen pánico de fallar.

SCLERANTHUS (SCLERANTHUS)

Temor a decidirse. Es indeciso, y se debate continuamente entre dos extremos opuestos. La inestabilidad, la indecisión y la duda lo caracterizan. Oscila entre dos polaridades. Cualquier decisión le lleva más tiempo y desgaste que a los demás. Puede desorientar a los demás con sus cambios de ánimo y de opinión.

STAR OF BETHLEHEM (ESTRELLA DE BELÉN)

Para quien sufre secuelas de graves traumatismos físicos y mentales. Recomendada para personas que, aún habiendo sufrido una grave pérdida, no son capaces de exteriorizar sus sentimientos y no pueden llorar. Esta flor es un bálsamo para el miedo y el dolor pues brinda consuelo y paz.

SWEET CHESTNUT (CASTAÑO DULCE)

Desesperación profunda. Siente que ha llegado al límite del sufrimiento. Que ya "no puede más". Estado de pánico agudo. La persona tiene un problema interno que no ha sabido resolver a tiempo y que ahora ha tomado una fuerza que lo ha transformado en ineludible. Este remedio ayuda a recobrar la calma, para encontrar una solución.

VERVAIN (VERBENA)

Es fanático y extremista. No comparte su carga. Es la flor para los que viven con excesiva vehemencia y se consumen en su propio fuego. Ponen excesiva energía en lo que emprenden, por lo que al final terminan agotándose. Tienen dificultad en ponerse en el lugar del otro y respetar sus puntos de vista.

VINE (VID)

Padece de hambre extrema, de avidez por el poder. Es dominador y un pequeño tirano. Se destaca por su inteligencia y su capacidad organizativa. Jamás pide por favor las cosas: este individuo ordena. Su entorno le teme. Tiene condiciones de liderazgo. Armonizado es un buen líder en situaciones extremas. Siente miedo a perder ese poder.

WALNUT (NOGAL)

Siente indecisión cuando debe iniciar etapas nuevas o manejar situaciones difíciles. El decir o el hacer de su entorno influyen en exceso en sus decisiones. Son personas sensibles al entorno. La toma de Walnut facilita el cambio y la aceptación de lo que se ha producido. Ideal para niños con miedos, porque los acompaña en sus etapas evolutivas.

WATER VIOLET (VIOLETA DE AGUA)

Se distancia de los demás porque se siente superior a ellos y esto le genera la soledad de los orgullosos. Water Violet es distante y hasta puede molestarle la presencia de los otros. Temor a relacionarse y que los otros influyan en su pensamiento.

WHITE CHESTNUT (CASTAÑO DE INDIAS)

Imagina para sí continuamente ideas y se tortura con eso. Todo el tiempo soliloquios internos que lo paralizan y atemorizan. Tiene una gran congestión de ideas recurrentes. Pensamientos indeseados surgen en su cabeza miles de veces.

WILD OAT (AVENA SILVESTRE)

Necesita metas. Sufre miedo, incertidumbre e insatisfacción por desconocer su misión en la vida. No logra conectarse con sus deseos, por lo cual navega sin timón, abandonado a estímulos externos. La flor ayuda en la elección vocacional, o cuando hace falta encontrar un norte en la vida.

WILD ROSE (ROSA SILVESTRE O ESCARAMUJO)

Desinterés, apatía, resignación, capitulación. Falta de motivación. Existencia monótona. Puede ser crónico o transitorio, producto de una desilusión. Se caracteriza por la pasividad en todos sus actos, nada parece conmoverlo. A veces se manifiesta como pasividad sexual.

WILLOW (SAUCE)

Se siente víctima del destino. Padece de autocompasión y resentimiento. Sentimiento de rencor, amargura y queja. Ve todo negativo, pero no se hace cargo de sus errores, sino que culpa a los otros. Miedo a asumir responsabilidades. Desconsiderados y egoístas, pretenden que todo llegue sin esfuerzo. Envidian la suerte de los demás y son desagradecidos.

LAS ESENCIAS Y LA ESPIRITUALIDAD

No solo Bach buscó la armonía interna y el dominio del miedo como vehículo de curación. Los precursores de la homeopatía no situaron la importancia de la enfermedad tanto en los agentes externos o físicos sino en la personalidad del paciente, al que intentaban comprender y tratarlo interiormente.

Afirmaron que si nuestros aspectos mental y espiritual se encuentran en armonía, la enfermedad no puede existir. Así, se puede juzgar la salud a partir de la felicidad y de la armonía con los propios deseos.

El Dr. Bach sostuvo que la enfermedad no se genera directamente en un plano físico sino que surge como el conflicto, o mejor dicho, la exteriorización del conflicto entre nuestro ego, nuestra parte inconsciente y nuestra conciencia. Esta falta de armonía se manifiesta en el cuerpo mediante desórdenes de los sistemas y tejidos orgánicos.

De manera que la enfermedad es un síntoma, una señal, un aviso de que tenemos que tomar en cuenta estos desajustes emocionales, nuestros errores y no profundizarlos. Y aquí la importancia de localizar, comprender y superar los miedos. Sobreponernos a ellos significará que todas nuestras energías están destinadas a tener el mejor rendimiento físico y mental y no estaremos paralizados o condicionados por algún miedo o temor extremo.

Las esencias que el Dr. Bach descubrió y consiguió utilizar y comprobar su eficacia en problemas emocionales que resonaban en la salud física de las personas son, como ya dijimos, 38 y están divididas en siete grupos tipológicos, que tienen acción específica sobre siete tipos de problemas emocionales básicos. Muchos de esos problemas están vinculados estrechamente con los miedos, el temor y la incertidumbre.

En cada grupo hay una esencia rectora, orientadora y preeminente sobre las demás.

GRUPO I:
Remedios para los que sienten temor

ASPEN (Álamo Temblón)

Ayuda a la aprehensión de mundos espirituales más elevados filtrando toda la información que nos llega de otros planos y en definitiva facilita la manifestación de nuestro ser aportando una ayuda valiosa para superar cualquier clase de miedo porque a medida que adquirimos conocimiento, nuestro ego y sus miedos van desapareciendo.

Otros remedios para el grupo de los que sienten temor son: MIMULUS, CHERRY PLUM, ROCK ROSE y RED CHESTNUT.

GRUPO II:
Remedios para quienes sufren incertidumbre

WILD OAT (Avena Silvestre)

Actúa activamente aportando armonía entre nuestro ego y nuestro ser. Esta esencia se caracteriza porque deja entrar la información intuitiva que se necesita cuando no se tiene claro el rol a desempeñar en este mundo, ayudando a esclarecer cuál es la vocación, el don, la habilidad, etc. de quien se cuestiona qué es lo que tiene que hacer con su vida.

Otra flor encuadrada en este grupo es el CERATO, que es la flor de la sabiduría, proporciona la adquisición del conocimiento y desarrolla una firmeza que disipa las dudas en el propio criterio. Estas dudas producen una dispersión total porque llevan a la permanente búsqueda de consejo, obligando a proyectarse en un sinfín de cosas diferentes y distrayéndonos de lo que en realidad importa.

Otras flores cuya toma se recomienda para quienes padecen de incertidumbres varias son: SCLERANTUS, GORSE, HORNBEARN y GENTIAN.

GRUPO III:

Remedios para los que no sienten interés ante las presentes circunstancias.

CHESNUT BUD (Brote de Castaño)

Ayuda a asimilar todos los procesos por los que el sujeto va pasando, facilitando extraer la parte positiva de todas las experiencias vividas.

También pueden prescribirse para individuos con estas características: CLEMATIS, HONEYSUCKLE, WILD ROSE, OLIVE, MUSTARD y WHITE CHESNUT.

GRUPO IV:

Para los que sienten soledad

WATER VIOLET (Violeta de Agua)

Ayuda a desapegarnos de nuestra personalidad, de nuestros perjuicios y creencias para poder aprender con mayor facilidad y amplitud de miras.

También entran en este grupo terapéutico IMPATIENS Y HEATHER.

GRUPO V:

Remedios para hipersensibles ante ideas e influencias ajenas

HOLLY (Acebo)

Minimiza la situación de desarmonía que se produce entre nuestra personalidad y nuestro Ser. Actúa contra los sentimientos negativos.

Además de HOLLY, sobre estas personas pueden usarse: AGRIMONY, CENTAURY y WALLNUT.

GRUPO VI:

Para los que se sienten abatidos. Desaliento o temor

ESTRELLA DE BELÉN:

Actúa como un sellador energético de los sentimientos de nuestro ego y permite que la guía de nuestra alma aparezca con toda claridad. Es efectiva ante shocks, duelos y pérdidas.

También son efectivos, según las características de la depresión: PINE, LARCH, ELM, SWEET CHESNUT, WILLOW, OAK y CRAB APPLE.

GRUPO VII:

Remedio para aquellos que se preocupan excesivamente por el bienestar ajeno

BEECH (Haya):

Ayuda a comprender, poniéndose en el lugar de los demás, y poniendo a las cosas en su justo lugar.

También pueden usarse en este grupo CHICORY, VERVAIN y VINE.

FOBÍAS: EL PEOR DE LOS MIEDOS

FOBIAS: EL PEOR DE LOS MIEDOS

Las fobias han ido definiéndose y redefiniéndose con el paso del tiempo y han cambiado de acuerdo con la evolución, el avance y las investigaciones de la medicina y la psicología. A lo largo de este proceso, podemos decir que se llegó a la siguiente descripción:

"Una fobia es un trastorno en el cual la angustia se halla fijada de forma más o menos estable a un objeto exterior".

Si bien parece un poco técnica, esta definición nos indica algo inicial para conocer y comprender: en las fobias predomina un sentimiento que es la angustia. Pero con esto no hemos dicho lo suficiente.

En efecto, la angustia es una sensación, una experiencia emocional que puede estar presente en gran cantidad de casos y de personas, éstas pueden presentar cuadros muy graves y de intenso desequilibrio, pueden ser sujetos sanos sin trastornos psicológicos, o tan solo con algún trastorno ocasional, psicopatología leve o dificultad pasajera; reiteramos, en toda esa variedad y ese abanico de casos y de gravedad o levedad posible, puede estar presente la experiencia emocional de la angustia.

Por lo tanto, decir que en la fobia está presente la angustia es correcto e imprescindible, pero no suficiente.

LAS FOBIAS Y SU RELACIÓN CON LOS OTROS CUADROS CLÍNICOS

Si tomamos la clasificación de Freud, las fobias están dentro de lo que se llama el grupo de las neurosis.

Su clasificación, a su vez, se apoya en alguna medida en la medicina y la psiquiatría clásicas que lo precedieron (aunque el padre del psicoanálisis introdujo modificaciones, nuevos términos y descripciones).

Entonces, esta clasificación que ya tiene más de cien años, y que tiene vigencia en muchos círculos de especialistas, era esquematizada por Freud de la siguiente manera:

- **neurosis**
- **psicosis**
- **perversiones**

Puesto que, desde su punto de vista, existían tres divisiones básicas. Para explicar brevemente esta clasificación tripartita, y de esa manera poder ubicar a las fobias, diremos algunas cosas.

Es importante aclarar que ubicaremos a las fobias dentro del grupo de las neurosis y, en breve, veremos qué significa esto.

Puede haber conductas fóbicas tanto en las psicosis como en las perversiones (es poco común) y también en la personalidad normal o sana. Pero la fobia estructurada, formada, y que tiene cierta estabilidad y permanencia (que no es solo una conducta fóbica aislada) es propia de la neurosis. La fobia, para Freud y los psicoanalistas que prosiguieron sus investigaciones posteriormente, es un tipo de neurosis.

Por todas estas razones, primero explicaremos los grupos de las psicosis y las perversiones –en forma sintética, solo para tener una idea general– y luego abordaremos con más profundidad el grupo de las neurosis, pues como dijimos, allí ubicamos nuestro objeto de estudio.

PSICOSIS

En el grupo de las psicosis, encontramos los trastornos más graves desde el punto de vista psicológico. No forman parte del mismo, por lo tanto, las fobias.

También, muchas veces las psicosis se acompañan de trastornos corporales, y existe una gran discusión en ámbitos relacionados con la psicología, la medicina y la psiquiatría, acerca del origen psicológico-emocional de este grupo de trastornos.

Muchas investigaciones y teorías tienden a afirmar que sí: estos trastornos graves del psiquismo, que se llaman psicosis, tienen su origen en profundos desequilibrios psicológicos que residen en la historia y en los primeros vínculos de un sujeto (que se cree, fueron vínculos con severas fallas). La idea de que las psicosis puedan ser heredadas genéticamente (y no adquiridas, como decíamos que todo tiende a demostrar) y dadas desde el nacimiento, está perdiendo fuerza, aunque siempre los especialistas se encuentran atentos a los avances científicos, sobre todo en el campo de la investigación genética.

Retomando, entonces, el primer grupo descrito es el de las psicosis y se caracteriza por la gravedad. El contenido de este grupo de patologías tiene que ver con la realidad: hay una gran ruptura con la misma. Es lo que se conoce desde remotas épocas con distintos nombres pero que podríamos sintetizar en el vocablo popular de "locura", que no es para nada incorrecto a la hora de definir a la psicosis. Cierto es que esto admite una gran cantidad de matices, sutilezas y variedades, pues como nos indica el sentido común, hay distintos grados de "locura", y existen aspectos con estas características aún en las personalidades sanas.

Ejemplos de cuadros psicóticos (solo a modo de ilustración) son: la paranoia, la esquizofrenia, el autismo, la parafrenia, las psicosis infantiles, las psicosis simbióticas, etcétera.

PERVERSIONES O PSICOPATÍAS

El segundo grupo que describiremos es el de las perversiones (también llamadas "psicopatías").

Si bien el término "perversión" tiene una connotación moral o hasta incluso legal, y parece altamente descalificatorio, Freud lo utilizaba para describir aquellos cuadros en los cuales el sujeto no tiene una ruptura con la realidad (como en las psicosis; es decir, que el perverso no está loco) pero sí tiene muchos inconvenientes en relación a la misma.

Por esas connotaciones del término, es que algunos prefieren llamar a este grupo "psicopatías".

Esto es así porque el llamado perverso no tiene ningún freno en la realidad y, de este modo, lleva a la acción sus fantasías, conscientes o inconscientes. Este grupo se caracteriza por sujetos que no tienen control de sus impulsos, y además no sienten angustia o culpa por lo que hacen. Tienen dificultades para controlarse, son transgresores de las reglas y las normas, y reemplazan el pensamiento por la acción. Es decir, actúan primero, y quizás luego piensan, por lo cual son muy impulsivos y en casos graves, antisociales.

Como no sienten culpa ni angustia, difícilmente se sometan a un tratamiento psicológico.

Así como lo dijimos al describir el grupo de las psicosis, existe un amplio abanico de gravedad que va desde aquellas personalidades sanas que tienen algunos aspectos perversos, hasta aquellos sujetos con dificultades severas para el control de los impulsos (por ejemplo, en las perversiones sexuales, o en las conductas antisociales graves que son penadas por la ley).

NEUROSIS

Llegamos ahora a la descripción del grupo que más nos interesa porque allí ubicamos a las fobias: el grupo de las neurosis.

En comparación con los dos grupos descriptos anteriormente las neurosis representaron los cuadros menos graves. Esto ha llevado a Freud a decir su famosa frase: "todos somos neuróticos".

Con esta expresión, quería señalar que se trata del cuadro más cercano a la personalidad llamada normal. Y como debemos tener en cuenta lo difícil que es indicar una frontera tajante entre normalidad y enfermedad en la medicina, y sobre todo en la psicología, esta personalidad llamada "normal" no debe entenderse como ausente de conflictos, puesto que los conflictos psíquicos y vitales son inherentes a la vida humana; más bien, lo llamado normal puede ser considerado como la ausencia de una patología psicológica instalada (sea más o menos grave).

Por todo esto, es que Freud hace su conocida afirmación de que todos somos neuróticos, haciendo referencia a lo común de este cuadro y a su cercanía con la personalidad normal.

Estas últimas consideraciones nos colocan de otra manera frente a las fobias.

Entonces, si las hemos de ubicar dentro del grupo de las neurosis, veremos pues que no son trastornos pertenecientes a las clasificaciones más graves. Incluso podríamos decir que en muchos casos las fobias se integran y conviven con la personalidad normal, sobre todo en el caso de las fobias menos graves.

Cabe aquí recordar la consideración hecha más arriba: puede haber conductas fóbicas tanto en las patologías graves como en la personalidad sana, pero son solo conductas, de algún modo superficiales a una estructura más importante (grave o sana). No obstante la fobia estructurada y consolidada es una neurosis.

Freud y, como hemos dicho, los psicoanalistas posteriores y aún los contemporáneos, distingue tres neurosis principales:

-neurosis obsesiva
-histeria
-fobia

Como hemos dicho, a la fobia también la llama "histeria de angustia".

De las tres neurosis, describe un origen que tiene distintas explicaciones. Es decir, que las fobias no se deben a un origen único, a una sola causa. Por el contrario, las neurosis, y por lo tanto las fobias, tienen un origen que se llama "multicausal"; pero esto lo veremos un poco más adelante.

Volviendo al tema de este grupo, las neurosis, y dentro de él, al subgrupo de las fobias, reiteramos entonces que la presencia de al menos una de éstas representa una dificultad que puede ser molesta, que puede causar muchos contratiempos al sujeto por tener que convivir éste con distintos síntomas, pero que el solo hecho de que esté presente una fobia nos indica una cierta evolución psicológica.

¿QUÉ SIGNIFICA ESTO?

Haber "logrado" una fobia es un signo de cierta complejidad psicológica, porque ya indica una estructura neurótica (para usar los términos psicoanalíticos que venimos empleando) y por lo tanto, indica que no nos encontramos en los grupos de estructuras más desequilibradas.

Entonces, para sintetizar, la presencia de una fobia nos dice:

-una personalidad con una estructura compleja, evolucionada;
-la ausencia de una patología más grave;
-la presencia de ciertos síntomas;
-un trastorno con cierta estabilidad en dichos síntomas;
-y la necesidad de diagnóstico, de atención y de curación.

Resumiendo, podemos recordar que anteriormente habíamos señalado como definición preliminar que a las fobias las caracteriza:

-la angustia;

-que ésta está ligada o fijada a un objeto exterior más o menos estable.

Y más adelante agregamos:

-que puede haber conductas fóbicas en muchas estructuras de personalidad;

-que la fobia consolidada (más allá de una conducta en particular) está dentro de las neurosis;

-que las neurosis son para Freud tres, y que dentro de ellas encontramos a las fobias.

ORIGEN DE LAS FOBIAS

Como hemos señalado, cualquier tema relacionado con la psicología, y con la salud humana en general, revela muchos aspectos oscuros y discutidos. Esto se produce porque existen distintas teorías que además son apoyadas, no solamente en la especulación reflexiva, sino en la práctica. Y tanto la teoría respecto de estos temas, como los tratamientos, avanzan a través del tiempo a veces a ciegas, a veces con aciertos, y así van acumulando conocimientos que nos permiten llegar a conclusiones básicas.

Es así como podemos hablar de algunos puntos en común en varias teorías sobre el origen de las fobias.

Antes de adentrarnos más profundamente en explicaciones de mayor alcance, veremos cuáles son las cuestiones básicas que se lograron aislar sobre cómo nace una fobia en un sujeto.

Esos puntos básicos son los siguientes:

• las fobias no tienen un origen genético, es decir, no se traen de nacimiento sino que se adquieren;

• esto puede ocurrir en estadios más o menos tempranos de la vida (algunos ubican este punto hacia los cinco años; otros, hacia los dos o tres años; pero todos coinciden en que hacia los cinco ya puede estar consolidada una fobia);

• se originan por motivos inconscientes, es decir, el sujeto no comprende cómo se originó la fobia;

• el sujeto que la padece sí sabe que la está padeciendo, pero no conoce sus causas ni sus orígenes;

• al originarse por motivos inconscientes, es decir, desconocidos para la propia persona, estas razones tienen que ver con la historia psicológica de la misma;

• la fobia puede manifestarse en cualquier etapa de la vida;

• más allá de cuál sea la etapa en la que la fobia se manifiesta, siempre debemos suponer que el origen más profundo es infantil;

• esto último no significa que las fobias son consecuencia de un suceso infantil que impactó o traumatizó al sujeto, sino que se trata de una construcción más compleja (que puede incluir a ese suceso infantil);

• puede quedar establecida una estructura fóbica desde la infancia, aunque la fobia como tal se manifieste con todas sus características en una etapa posterior de la vida;

• cuando decimos que queda establecida la estructura desde la infancia, no queremos decir que lo que se arma allí sea inamovible, sino que la infancia, como etapa fundamental, es una etapa de estructuración, pues allí se está constituyendo el psiquismo. Pero muchas cuestiones se manifiestan luego según cómo sean los sucesos de la historia del sujeto;

• muchos autores, en especial Freud y los psicoanalistas que lo siguieron en la historia, le atribuyen a la fobia un origen sexual (pero no en el sentido genital explícito, sino en un sentido de "sexualidad ampliada" que inaugura el psicoanálisis: un sentido de sexualidad como impulso de vida);

• las fobias, a pesar de su estructura y formación inconsciente en la infancia, no son inamovibles, sino que pueden tratarse y superarse.

También es importante señalar que –como en muchos temas relacionados con la psicología y los trastornos psicológicos– investigaciones recientes intentan explicar, desde el punto de vista físico y biológico, cuál es el origen y la explicación de estas dificultades.

Muchas veces, estas visiones no son contradictorias: la psicología expone teorías y muestra resultados y explicaciones que desde la descripción e investigación biológica son confirmadas, y esto sucede también a la inversa.

Para que se entienda esto último veremos un ejemplo:

Desde la psicología, se sostiene y se lleva adelante la idea de que las terapias psicológicas, que no incluyen ningún método biológico (por ejemplo, las terapias que no administran medicamentos sino que están basadas solamente en la palabra), producen cambios en la vida de los sujetos. Esto es claramente aceptado.

¿Y QUÉ DICE LA BIOLOGÍA AL RESPECTO?

Sorprendentemente coincide. Podríamos pensar que, por no incluirse métodos biologistas en algunas terapias psicológicas, la medicina y la biología despreciarían esta idea de cambio. Sin embargo no es así, y hay una visión coincidente: investigaciones biológicas demuestran que los tratamientos psicológicos prolongados producen cambios físicos en el cerebro. Y sin que se administren químicos de acción en el mismo.

Es decir, que el cambio psíquico trae aparejados cambios físicos. Esta última es una idea novedosa, teniendo en cuenta que la inversa (es decir, que los cambios físicos producen cambios psicológicos) es más aceptada.

Por ejemplo, se sabe que la administración de un medicamento de acción en el cerebro o en el sistema nervioso produce cambios en lo psicológico: en el estado de ánimo, en las conductas, en los comportamientos y hasta en los vínculos. Este es el caso de la acción de los medicamentos antidepresivos, por ejemplo.

Retomando lo antedicho, destacamos:

-respecto a la primera idea, la de que el cambio psicológico produce cambios en el cerebro, confirmaremos que es más novedosa;

-que la sola acción psicológica de un tratamiento terapéutico produce cambios cerebrales es un hallazgo de la investigación;

-muestra una coincidencia entre campos del saber que generalmente aparecen como opuestos.

MANIFESTACIÓN DE LAS FOBIAS

Una vez señalados los puntos más básicos sobre el origen de las fobias, resulta importante para la continuidad de esta explicación que nos adentremos en la descripción de las fobias en un sentido diferente del que hemos visto.

En efecto, ese nuevo aspecto que debemos abordar es el de la manifestación externa de las fobias.

¿Qué significa esto? Todo trastorno psicológico, además de su estructura interna, posee algún tipo de manifestación externa. Precisemos esta distinción.

Por estructura interna entendemos:

-los mecanismos psicológicos internos que dan origen a una estructura de personalidad, a un modo de funcionamiento psíquico;

-la forma en que esa estructuración funciona internamente en el sujeto, como un complejo andamiaje (que también se llama en psicoanálisis "meta-psicología");

-los mecanismos inconscientes, aquellos que no se pueden observar directamente ni por la propia persona ni por un observador externo inmediato;

-todos aquellos aspectos que no podemos observar a simple vista viendo los comportamientos externos de una persona.

Por las manifestaciones externas, por el contrario, entendemos:

-la conducta, es decir, todos los comportamientos visibles de una persona, lo que esa persona dice y hace;

-las manifestaciones físicas que acompañan a la conducta, es decir, todos los correlatos corporales que van unidos a las sensaciones, a los sentimientos, a los pensamientos (ejemplo de esto es la sudoración o el aumento del pulso cardíaco cuando se experimenta miedo, y veremos que éste no es un ejemplo cualquiera cuando el tema que tratamos es el de las fobias);

-todo aquello que se puede observar y medir; todo aquello que es tangible y mensurable en cuanto a las reacciones de un individuo, y que no se deduce por especulación sino que es observable de distintos modos.

En este caso que nos ocupa, vamos a hablar de las manifestaciones externas que se pueden observar en las fobias.

Y en este sentido, la fobia, como cualquier configuración o trastorno psicológico, tiene sus propias manifestaciones exteriores, en la conducta observable del sujeto.

Veamos cuáles son las principales manifestaciones conductuales que se presentan en las fobias:

-el sujeto presenta angustia, que externamente se manifiesta en un estado de mucha inquietud, ansiedad, y puede estar acompañada de llantos;

-puede presentarse una sensación de ahogo;

-se presentan manifestaciones explícitas de miedo;

-este miedo está siempre enlazado a un objeto o situación externa por lo general estable.

Y antes de continuar con la enumeración de estas características externas de la fobia, recordemos o mejor dicho ampliemos, a modo de complemento, aquello que ya hemos establecido en la definición de las fobias:

-para hablar de una fobia, el temor y la angustia deben estar enlazados a un objeto exterior identificable;

-si esto no sucede (por ejemplo, si lo que hay es un miedo indefinido, pero no un "miedo a algo") se trata de un temor o de algo más preocupante, pero no de una fobia;

-la fobia siempre es "a algo".

Con estas consideraciones, y antes de continuar enumerando cuáles son en las fobias las manifestaciones en la conducta, creemos que hemos podido aprovechar los puntos anteriores para completar una definición más clara y concreta.

OTRAS MANIFESTACIONES

Además de las señaladas, estas son otras manifestaciones externas que se pueden observar en las fobias, muchas veces a simple vista:

• **Físicas:**

-desde el punto de vista físico, generalmente aparece un aumento del pulso cardíaco;

-aparece un aumento de la sudoración, en un grado que no es común para el sujeto en otra situación;

-todo esto se da ante la presencia concreta del objeto o situación fobígeno (término éste que utilizaremos algunas veces de aquí en adelante, y que designa a aquello que genera o estimula la conducta fóbica);

-en lo motriz, es decir, en lo que representa a los movimientos, el sujeto se halla mucho más inhibido (veremos en breve qué significa esto), y su conducta, en casos extremos, puede ser de mucha pasividad –precisamente, inhibición– en muchos sentidos;

-en sus conductas prácticas, el sujeto tiene menos actividad, todo lo hace con lentitud y temor, tomando muchos recaudos, lo cual lo torna una persona con muchas complicaciones concretas;

-esto último puede ser así de manera parcial: no afectar toda la vida del sujeto, pero sí aquellas áreas que se relacionan con los objetos o situaciones que generan la angustia;

-en casos de fobias graves, la conducta práctica y externa se ve totalmente afectada en todas las áreas de la vida de la persona.

• **Psicológicas:**

La evitación

Así llegamos a un concepto central dentro de esta cuestión de comprender cómo externamente las fobias se expresan.

Ese concepto central es el de evitación.

Así, con esta expresión, puede definirse qué es lo que hace alguien que está padeciendo una dificultad fóbica.

La evitación es su conducta predominante.

Esto significa que el individuo que tiene una fobia:

-buscará evitar por todos los medios ponerse en contacto con el objeto fobígeno;

-para esto, puede realizar complejas acciones y operaciones, y hasta puede llegar a suspender actividades centrales (como trabajo, o relaciones sociales o familiares) si éstas lo ponen en peligro de estar en las cercanías del contacto con el objeto de la fobia;

-no le importará a esta persona verse limitada en muchos aspectos de su vida: prefiere resignar estos aspectos sociales o productivos ante la perspectiva de experimentar la angustia que provoca el objeto fobígeno;

-la angustia es tan fuerte ante la cercanía de esa eventualidad que cualquier cosa es preferible;

-por todo esto, psicológicamente se produce un proceso que también se expresa externamente: la inhibición.

La inhibición

Este es otro concepto central para seguir comprendiendo las fobias. La inhibición es una consecuencia de todos los procesos psicológicos que venimos considerando.

Cuando nos referimos a inhibición, queremos decir (tanto desde el punto de vista médico como psicológico):

-disminución de los procesos habituales;

-baja de actividad;

-más pronunciadamente, paralización de procesos habituales;

-imposibilidad de cumplir con un proceso, actividad o acción, que habitualmente se realiza;

-freno y bloqueo involuntario que la persona sufre respecto a acciones que antes cumplía normalmente;

-impedimento para tomar contacto o accionar en un proceso;

-minoración importante de una función física o psicológica.

Entonces, como señalamos, la inhibición (junto a la ya descripta evitación) es una característica central que está presente en las fobias y que nos ayuda a identificar la presencia de las mismas.

Desde el punto de vista psicológico, lo que se encuentra inhibido en una fobia tiene directamente que ver con:

-el objeto fobígeno;

-la inhibición de todas las conductas que implican a aquel;

-los contactos o acciones que se acercan o se relacionan con el objeto fobígeno.

Por lo tanto, en una fobia también se encontrarán inhibidos, entonces, en un sentido general (variable según la gravedad o las características del caso) estos aspectos de la personalidad:

-la actividad;
-el contacto;
-la relación social;
-los vínculos (o algunos, según la situación);
-la decisión.

Pero más allá de todo esto, que indica qué es aquello que puede estar inhibido de modo general (sin entrar a considerar cómo se da esto en cada caso en particular), reiteramos que es importante considerar que en cada fobia la evitación y la inhibición tienen características propias.

La represión

Esta es también una manifestación que está presente en el comportamiento fóbico, aunque se trata de un indicador menos observable a simple vista.

Sin entrar a considerar aspectos que sean demasiado teóricos o abstractos (por esto que señalamos acerca de que la represión es un mecanismo presente pero menos observable a la mirada externa en las fobias), diremos algo sobre este mecanismo.

La represión es:

-un mecanismo psicológico;

-un movimiento que se produce inconscientemente, es decir, sin la participación voluntaria de la persona y sin un conocimiento por parte de ésta;

-un mecanismo fundamental en un primer momento de la vida psíquica, para ordenar la indiferenciación que es la mente en los primeros meses de la vida;

-un mecanismo que permite, entonces, que lo mental se estructure;

-permite también que se distinga lo consciente (aquello que podemos saber y pensar de nosotros mismos) de lo inconsciente (aquello que ignoramos y no percibimos de nosotros mismos);

-en un momento posterior de la vida, es el mecanismo que permite anclar nuestros impulsos más primitivos a lo inconsciente;

-así, permite también mantener a raya, y fuera de los alcances de la conciencia, esos impulsos antisociales para vivir en sociedad.

-es un mecanismo –como vemos– muy necesario;

-si es excesivo, inadecuado o fallido (como en el caso de las fobias) produce sufrimiento y angustia al sujeto.

Como hemos dicho anteriormente, la fobia, por pertenecer al grupo de las neurosis, se ubica dentro de lo que serían las estructuras más saludables o cercanas a la normalidad en lo que respecta a la clasificación psicopatológica. Esto, como ya anticipamos, no significa que una fobia no pueda ser grave, ni molesta, ni que esté exenta de acarrear angustia, temor y sufrimientos al sujeto, amén de las ya explicadas (y tan limitantes) consecuencias de la evitación e inhibición en la vida psíquica y en la conducta. Nada de esto.

No obstante el propio hecho de definirla como una neurosis, recordemos que nos daba garantías de una estructura con cierta formación y complejidad, con cierta evolución respecto de lo que pueden ser las otras dos estructuras, que en el otro capítulo definimos como más graves (psicosis y perversiones o psicopatías).

Y de las neurosis en general, y de las fobias en particular, podemos decir que tienen como mecanismo predominante de funcionamiento aquel del cual nos estamos ocupando: la represión.

Pero a veces, como hemos señalado, la represión (a pesar de ser un mecanismo fundamental de estructuración de la mente) puede ser, dijimos:

-fallida;
-fracasada;
-inadecuada;
-excesiva.

Y estas fallas en la represión (si bien no son las más graves) traen aparejado:

-angustia;
-inhibiciones;

-sufrimientos;
-padecimientos psicológicos de los que no se conoce la causa o el origen;
-síntomas psicológicos;
-síntomas físicos.

Así es como se manifiesta este mecanismo psicológico en aquella persona que tiene una fobia, pues hemos dicho que en ella hay miedos, temores, angustia, inhibiciones, evitaciones, y la persona –esto es fundamental– no sabe por qué le está pasando todo eso.

Básicamente no sabe por qué:

-tiene angustia;
-debe evitar un objeto o situación;
-puede entrar en desesperación y pánico si se lo pone –o se encuentra por azar en contacto– con el objeto o situación que genera la fobia.

Esto último, la cuestión de la sensación de pánico, hasta el momento no lo habíamos indicado tan concretamente, y veremos en breve por qué decimos que es tan importante para el conocimiento de las fobias.

¿CÓMO AFECTA EL MIEDO A LOS NIÑOS?

¿CÓMO AFECTA EL MIEDO A LOS NIÑOS?

La niñez es un período fundamental en la vida de las personas. En nuestros primeros años es cuando se construyen las bases de la mayoría de nuestros comportamientos futuros.

Los psicólogos –como veremos más adelante– buscan en la infancia las respuestas a las fobias que se tienen de grandes. Es allí, también, donde se pueden originar algunos miedos.

Sin embargo, sentir miedos es un comportamiento absolutamente normal en los más pequeños. Más allá de que cada niño pueda manifestar distintos comportamientos lo más común es que los miedos aparezcan durante el primer año de vida y se hagan más intensos entre los tres y seis años.

La aparición del miedo es lógica porque el niño atraviesa una edad en la cual empieza a conocer todo lo que integra el mundo que lo rodea, pero no tiene la capacidad de discernir entre lo real y lo irreal, entre lo verdadero y lo mágico y, además, las "reglas" del mundo real muchas veces le parecen inentendibles.

Es posible que los miedos surjan y se supriman sin razón alguna, solo como parte del proceso evolutivo del niño. También puede pasar que el pequeño vaya cambiando de miedos a medida que crece.

Dentro de los parámetros normales no debemos preocuparnos, pues los miedos, además de normales, son beneficiosos para los niños ayudándolos a evolucionar, crecer y adaptarse.

Al mismo tiempo, los padres y adultos que se encuentran a cargo de los niños deben prestar atención a los temores que presenta cada niño en particular. Analizar los miedos, más allá de brindarle protección al niño, es una importante señal de alarma para distinguir situaciones extrañas que puedan afectar al menor fuera de casa como abusos, agresiones, maltratos, etcétera.

¿Con qué síntomas se manifiestan los miedos en los niños?

Además de muchos de los síntomas que describimos para los adultos, en los niños puede darse:

-tartamudeo
-respiración agitada
-ansiedad
-desórdenes alimentarios
-llanto

¿CUÁLES SON LOS PRINCIPALES MIEDOS EN LOS NIÑOS?

- **Miedo a la oscuridad**

Es uno de los miedos más comunes.

Está vinculado con las pesadillas, los sueños o las fantasías.

Los cuentos, historias o programas que mire en la televisión pueden tener la culpa de esto.

También es común que algún hermano o amigo más grande lo asuste.

No es conveniente que se acostumbren a dormir con los padres con la excusa de que tienen miedo.

La mejor solución es hacerlos dormir con una luz muy tenue encendida.

- **Miedo a las personas desconocidas**

Los niños pueden manifestar miedo ante personas que no conocen.

Si bien los padres deben enseñarles y ponerlos al tanto de los peligros de hablar o acercarse a desconocidos, también hay que inculcarles seguridad en sí mismos para no temer a los extraños.

El niño debe cuidarse de la gente, pero sin llegar al temor.

• Miedo a los animales

Como con muchas cosas, los niños deben aprender a conocerlos, reconocerlos y respetarlos, pero no tenerles miedo.

Deben ser educados desde pequeños sobre la forma en que se trata, se cuida y convive con los animales.

• Miedo a los ruidos fuertes

Cualquier sonido fuerte o estrepitoso proveniente de un objeto que el pequeño desconoce puede producirle temor.

En este grupo entran las tormentas y los truenos. Aquí aconsejamos: cerrar los vidrios pero dejar las persianas entreabiertas para que el niño pueda ver la lluvia. En ese momento explicarle sencillamente cómo se produce la lluvia y cuál es el origen de los truenos y relámpagos.

• Miedo al abandono

Este miedo ha ido creciendo a medida que se fueron desarrollando las nuevas formas de vida.

Hoy es común que ambos padres trabajen fuera de casa y que el niño, desde muy pequeño, sea dejado durante gran parte del día al cuidado de una babysitter, de los abuelos o en una guardería.

También, los divorcios y separaciones, el tener que dejar de vivir con ambos padres de un día para el otro y acostumbrarse a una nueva estructura familiar, producen un temor manifiesto a ser abandonado por el padre o la madre y dejar de ver a alguno de ellos.

En estos casos, es recomendable la asistencia de un profesional para guiarnos en estas experiencias tan traumáticas.

• Miedo a los cambios de ámbitos

Si un cambio de empresa puede causar miedos en un adulto, imaginemos el temor y la desconfianza que puede producirse en un niño al tener que cambiar de escuela, de casa, de barrio, de habitación, etcétera.

Estos miedos también se presentan cuando se pone delante de un niño una nueva comida, una nueva prenda de vestir o se modifica el orden de los muebles del cuarto.

¿CÓMO ACTUAR ANTE UN NIÑO CON MIEDO?

• Cuando un adulto se da cuenta de que un niño tiene miedo, lo primero que debe hacer es examinar el objeto o la situación que verdaderamente lo atemoriza.

Por supuesto que esta búsqueda debe realizarse con cuidado, sutileza y paciencia, sin atormentar al niño. Pero una vez que la criatura hable y dé a conocer qué es lo que lo asusta la ayuda que podremos brindarle será más sencilla.

• Además, ante la situación de que los padres sean conscientes de aquello que lo inhibe hará que el niño se sienta protegido y seguro pudiendo superar rápidamente ese trauma.

• Por eso, reiteramos, es fundamental que el niño hable y cuente aquellas cosas que le ocurren. Si el padre se da cuenta de que su hijo siente miedo, pero este no logra expresarlo, lo más aconsejable es visitar a un especialista lo antes posible. Si esos miedos no se localizan y controlan a tiempo pueden dar origen a traumas más graves, como una fobia.

• Un error muy común es restarle importancia a un miedo de los niños o tratarlos con indiferencia cuando ellos manifiestan sus temores. Es allí cuando los miedos se vuelven peligrosos y paralizantes para el crecimiento mental del pequeño.

• Transmitirle afecto, protección, tranquilidad y confianza. Todas estas muestras de cariño darán seguridad a los niños.

• Acompañarlo en el momento que aparece su miedo es muy positivo: si le tiene miedo a una persona, visitarla juntos; si tiene miedo a la oscuridad tomarlo de la mano e ingresar a un cuarto con la luz apagada; si le tiene miedo a un perro acercarse juntos y acariciarle la cabeza, etcétera.

• Ver a otro niño hacer aquello que a él lo asusta puedo liberarlo de ese peso: por ejemplo si nuestro hijo tiene miedo a subir a una hamaca, pero ve que otro niño lo hace sin problemas, posiblemente se anime a intentarlo con más confianza.

• Inventar juegos o pasatiempos en el lugar donde siente miedo puede ser muy útil: si el niño tiene miedo a la piscina, podemos meternos juntos e idear un juego con pelotas o muñecos dentro del agua, para que él se olvide de su temor y se concentre en ganarnos el juego. Así, poniendo su foco de atención en otra actividad podrá dejar su miedo de lado.

• Es muy común que las historias, películas, series y dibujos animados para los niños cuenten con la presencia de brujas, monstruos, ogros o villanos. Estos personajes suelen asustar a muchos chicos. Si presentimos que ellos pueden atemorizarse al verlos, debemos concientizarlos sobre la inexistencia de estos seres explicándoles que solo existen en un mundo irreal.

• Hay miedos que, sin riesgo de equivocarnos, podríamos decir que hasta son necesarios. Y a partir de ellos debemos intentar transmitirles a los niños la necesidad de cuidarse a sí mismos: el miedo a cruzar la calle, a caerse de la hamaca o el tobogán, a hablar con desconocidos, etcétera.

• Los padres deben mostrarse seguros ante sus hijos. Es esencial que se muestren firmes y fuertes ante los miedos de los hijos.

• No responderle a los niños con frases como "No te creo", "Es mentira lo que dices" o cosas así que desprecien lo que ellos cuentan.

OTRO TÍTULO DE LA COLECCIÓN

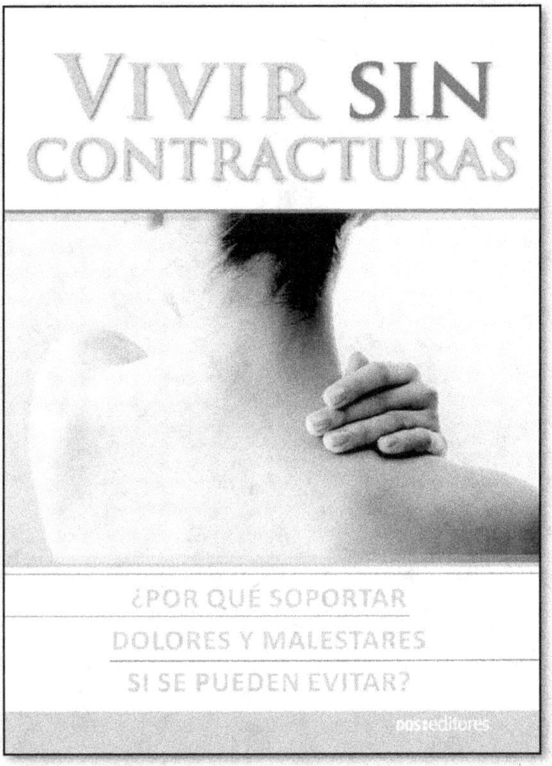

www.ingramcontent.com/pod-product-compliance
Lightning Source LLC
Chambersburg PA
CBHW061508250726
48657CB00005B/1757
* 9 7 9 8 5 6 5 9 4 1 7 1 5 *